I0522277

Grief Navidad

Derechos de autor © 2023 Publicación Luna Peak

Todos los derechos reservados. Ninguna parte de esta publicación puede ser reproducida, almacenada en ningún sistema de recuperación, o transmitida en ninguna forma o por ningún medio, ya sea electrónico, mécanico, fotocopia, grabación o cualquier otro, sin el permiso previo de el Publicación Luna Peak.

Publicación Luna Peak, Sierra Madre, California.
www.lunapeakpublishing.com

ISBN: 979-8-9890188-3-3
Impreso y encuadernado en los Estados Unidos de América.
Portada por Graciela Eastridge.
Traducción: Casandra Cerrros.

Grief Navidad

Un Libro de Trabajo de Duelo Navideño

Por: Gracelyn Bateman y Melody Lomboy-Lowe

Honestamente,

el dolor puede hacer que las vacaciones duelan mucho. Ya que estamos aquí, también podríamos divertirnos un poco a través de el. Este libro está inspirado en nuestras experiencias personales de dolor, y esta es una nueva manera de interactuar con el dolor a través del humor, los juegos, y las indicaciones. Todos se afligen de manera diferente, y con eso en mente, espero que aquí encuentres páginas que te ayudarán a reflexionar sobre su dolor y recordar a tu seres queridos.

Tómate tu tiempo para completar este cuaderno. Recuerde, no estás solo en tu dolor.

– Gracelyn y Melody, tus compasivos amigos

Este libro pertenece a:

Año:

Por quién estás tú afligido:

_____

_____

Su relación(es) contigo:

_____

_____

Fechas importantes en tu duelo:

_____

_____

Las páginas en blanco se pueden utilizar para reflexionar más o para duplicar sus respuestas sobre otras pérdidas.

Sus Dias Feriados Favoritos

Su Favorito

Actividad: _____

Canción: _____

Película: _____

Comida: _____

Bebida: _____

Postre: _____

Tradición: _____

Lugar: _____

Prefieres

··· PARTE 1 ···

¿Qué se siente bien para tus días de duelo?
Escoge tu preferencia.

Participar en el bombo navideño	o	Ignorar todos los recordatorios de vacaciones
Ir a fiestas navideñas	o	Celebrar en casa
Ser el invitado en una fiesta	o	Ser el anfitrión de una fiesta
Limpiar tu agenda de vacaciones	o	Mantener una apretada agenda de vacaciones
Mantener su espacio de vida como está	o	Decorar tu espacio de vida
Estar en un ambiente cálido	o	Estar en un ambiente frio

Travieso

y Agradable

¿Cuáles son algunas de las cosas malas
que la gente te ha dicho sobre el duelo?

_____

_____

_____

_____

¿Cuáles son algunas cosas buenas que
la gente te ha dicho sobre el duelo?

_____

_____

_____

_____

El duelo es como...

decoración navideña en tiendes - siempre se siente como si aparece demasiado pronto.

Dibuja un suéter feo de vacaciones para que lo uses en tu dolor.

Feliz Navigrief

B I N G O

Lio caliente vacaciones express	Tal vez esta temporada no será tan mala	¡Wow esto es peor de lo que pense!	Ponche con sabor a lágrimas	Recibiendo cartas navideñas con su nombre en el sobre
Cocinar y hornear para disfrasar el estrés	Disociarse al envolver regalos	¡Ups! Accidentalmente colgé su media	Espera… ¿es raro que todavía cuelguen sus medias?	Les compré un regalo de todos modos
El aire frio no me molesta porque me siento muerto por dentro	Emociones tan pesadas como mi abrigo de invierno	ESPACIO LIBRE GRATIS	Pensar en excusas para no ir a una fiesta	Lloré en una fiesta navideña
Lloré en la tienda viendo cosas que me recuerdan a ellos	La gente no los mencionó en absoluto	La gente los menciona demasiado	El periodo previo a las vacaciones se siente peor que los días reales	Silenciosamente se escapo de las reuniones
Alguien pregunta, "¿Cómo ha sido tu año?" en una fiesta	Basta con la música navideña	La alegría supera el dolor para variar	Y volvemos al dolor sobre pesando la alegría	Esto se siente MUY diferente sin ellos

Registra Tres Palabras

Llena cada sección antes, durante, y después de los dias festivos. Comparte al menos 3 palabras para describir cómo se siente tu duelo durante cada período de tiempo.

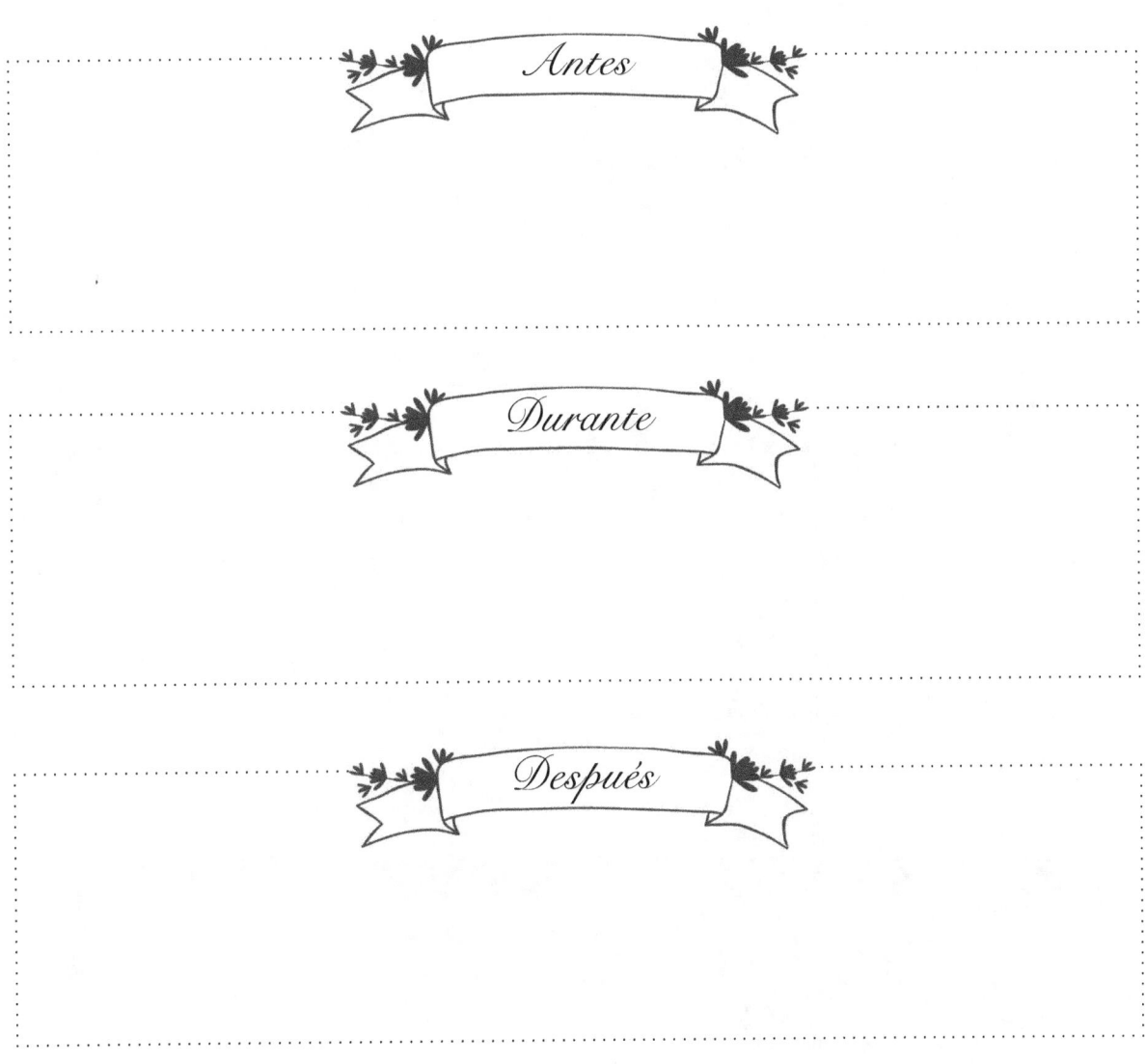

Antes

Durante

Después

El duelo es como...

un cascanueces - porque es aplastante.

Comparte un recuerdo de tu ser
querido que te haga reír.

_____

_____

_____

_____

_____

_____

Llenando el Calcetin

¿Cuáles son algunos elementos, tangibles o intangibles, que le gustaría poner en su calcetín?
Agregalos abajo.

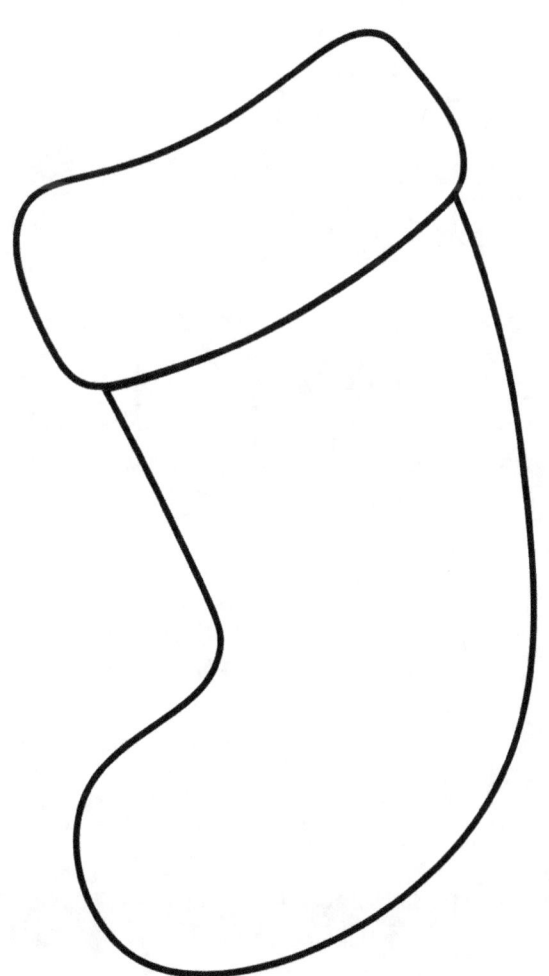

¿Qué es lo que más extrañas de ellos
en este momento?

_____

_____

_____

_____

_____

_____

_____

_____

_____

Sensación Helada

¿Has experimentado sentir pena a nivel físico? Haz un círculo donde sientes dolor en tu cuerpo de pan de jengibre y escribe cómo se siente.

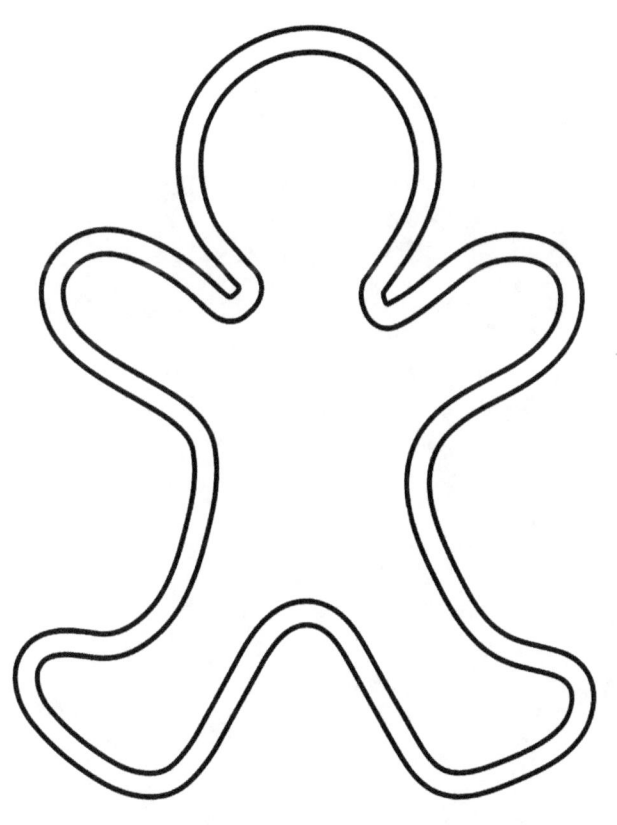

_____

_____

_____

_____

El duelo es como...

música navideña en la radio -
porque nunca para

Haz una lista de reproducción de canciones
que te recuerden de tu seres querido(s).

_____

_____

_____

_____

_____

_____

_____

Búsueda de Palabras

```
F A O Q Z W T A P P C T E F K
M E W Y B Q I C S A R A X E W
L E S Z O R G Q I A Z V P R D
P Z G T O P T G D W X D R I F
Z Q I M I C A I W P A D E A V
L I E H A V C T E T B L S D L
V M E L U I O X C E W O I O O
V P O L O M G A V Q Z D Ó H N
I R P N O D A G I L F A N D O
V B E R D O S K S W G Y D U F
R S P T A W J G S P D O F I W
G R Y D S L T M H X U A A S U
W T Q N E H T T A T L B N E P
M C V G P N Ó I X E L F E R B
C O M U N I D A D O K T O Q F
```

Festivo   Afligado   Memoria   Expresión

Feriado   Apoyo   Comunidad   Tradiciones

Calor   Pesado   Paz   Reflexión

Regalos de Dolor

¿Cuáles son algunos regalos - bueno o malo - que duelo te ha dado? Escribelos en cada caja.

El duelo es como...

un caroler - porque aparece sin avisar.

Describe una situación donde tu duelo apareció inesperadamente.

_____

_____

_____

_____

_____

_____

Límites Felices y Alegres

Está bien establecer algunos límites durante las vacaciones. Colorea las respuestas de límites que resuenan contiga y agrega las tuyas propias.

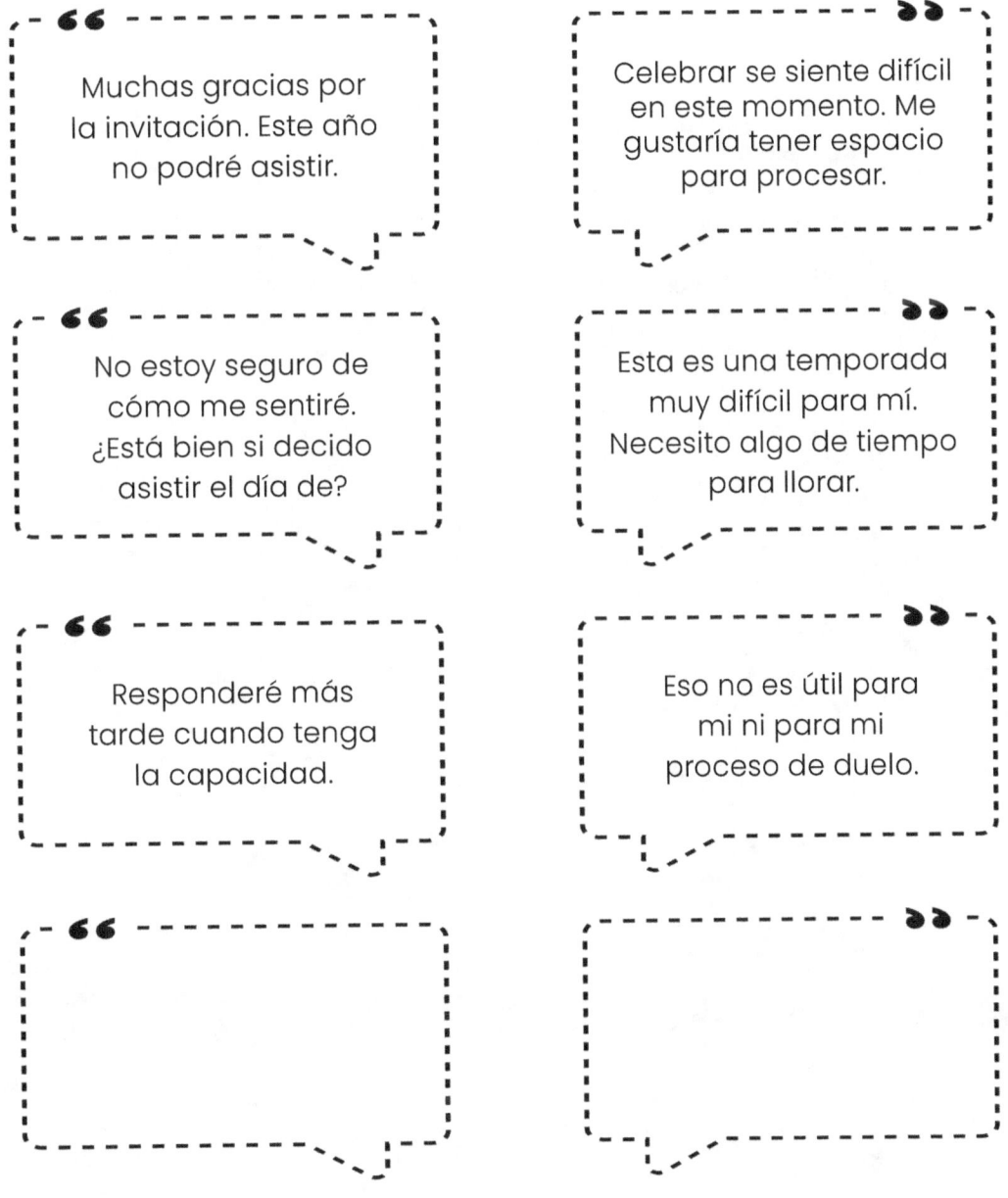

" Muchas gracias por la invitación. Este año no podré asistir.

" Celebrar se siente difícil en este momento. Me gustaría tener espacio para procesar. **"**

" No estoy seguro de cómo me sentiré. ¿Está bien si decido asistir el día de?

" Esta es una temporada muy difícil para mí. Necesito algo de tiempo para llorar. **"**

" Responderé más tarde cuando tenga la capacidad.

" Eso no es útil para mi ni para mi proceso de duelo. **"**

"

"

¿Ha establecido límites para proteger o honrar
su dolor durante este tiempo? ¿En qué límites te
gustaría trabajar?

_____

_____

_____

_____

_____

_____

_____

_____

_____

_____

Navega por la corona del dolor para encontrar
algo de paz durante las vacaciones.

¡Empieza aquí!

Termina aquí!

El duelo es como...

una cadena de luces navideñas - porque consume una cantidad sorprendente de energía.

Ilumina la habitación escribiendo aquello por lo que estás agradecido por encima de cada cadena de luces.

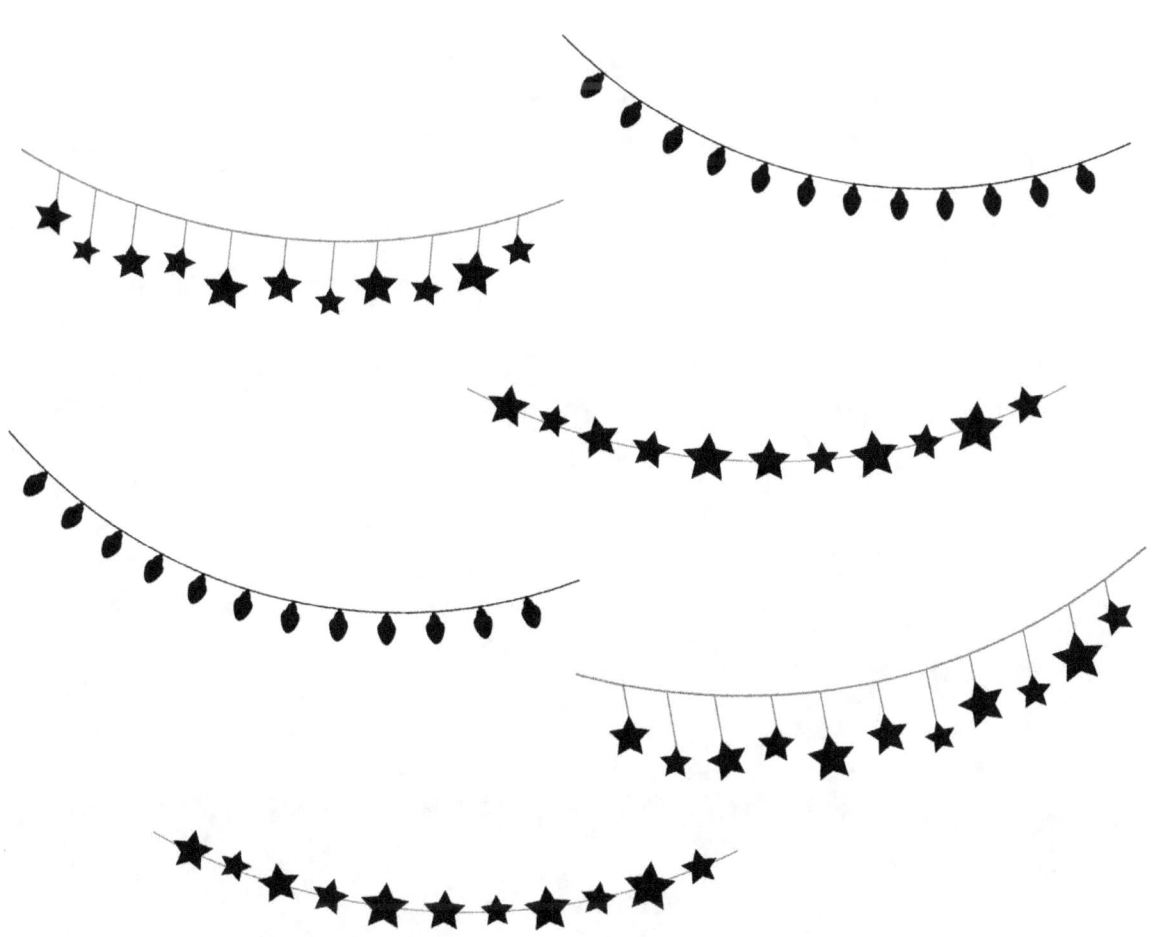

Empaca Una Bolsa de Duelo

PARTE 1 - ACCIONES PARA TI

¿Cúales son algunas acciones que puedes tomar para prepararte para las fiestas? Encierra en un círculo las ideas que encuentras útiles y escribe ideas adicionales en la maleta.

FUERA DE LA OFICINA
Establezca una respuesta automática en su correo electrónico que dice que no revisaras o responderas los correos electrónicos inmediatamente

MÚSICA
Haz una lista de reproducción de canciones relajantes o nostálgicas

NO MOLESTAR
Pon tu teléfono en modo "No molestar" cuando te sientas abrumado

TOMAR TIEMPO LIBRE
Usa una aplicación para limitar tu tiempo de pantalla

AGREGA FILAS
Agregue sus peliculas favoritas para sentirse bien a sus filas

Prefieres
···PARTE 2···

¿Qué se siente bien para tus días de duelo?
Escoge tu preferencia.

Quedarte en casa para los dias festivos	*o*	Viajar para los días festivos
Enviar tarjetas navideñas	*o*	Recibir tarjetas navideñas de otros
Reflexionar sobre los recuerdos de las vacaciones en privado	*o*	Reflexionar sobre los recuerdos de las vacaciones con otros
Tener a otros mencionar a tus seres queridos	*o*	Que otros no los mencionen
Continuar con las tradiciones navideñas previas a la pérdida	*o*	Crear nuevas tradiciones navideñas posteriores a la pérdida
Crear o encontrar nuevas recetas	*o*	Seguir recetas probadas y verdaderas

¿Alguna de tus preferencias en la página anterior te soprendió? ¿Han cambiado sus preferencias debido a su dolor?

_____

_____

_____

_____

_____

_____

_____

_____

_____

El duelo es como...

una galleta navideña - porque demasiado te enferma fisicamente.

Etiqueta las galletas de condolencias como dulce, tolerable, o repugnante.

Está bien si los dias festivos son difíciles

_____

Mandando pensamientos y oraciones

_____

Sé exactamente cómo te sientes

_____

Ojalá todavía estuvieran aquí contigo

_____

Enviando amor tu camino

_____

Animate, es temporada de dias festivos

_____

¿Cuántas palabras puedes formar con las letras de:

F E L I Z N A V I G R I E F

_____   _____   _____   _____

_____   _____   _____   _____

_____   _____   _____   _____

_____   _____   _____   _____

_____   _____   _____   _____

_____   _____   _____   _____

_____   _____   _____   _____

_____   _____   _____   _____

_____   _____   _____   _____

_____   _____   _____   _____

_____   _____   _____   _____

Tirarlo al Fuego

¿Estás experimentando ansiedad por las vacaciones o emociones desafiantes? ¡Escribe las emociones que sientes y vamos a tírarlos al fuego de la chimenca!*

_____   _____

_____   _____

_____   _____

_____   _____

*Pase a la página siguiente para ver su papel quemado real

Página de Dolor Quemado

Anota emociones, sentimientos, o experiencias que quieras tirar al fuego. Le invitamos a arrancar esta página y deshacerse de ella como mejor le parezca.

El duelo es como...

un pastel de frutas - porque es pesado
y se mantiene fresco por una cantidad
sospechosa de tiempo

¿Cuáles son algunas partes del duelo que
le han durando mucho tiempo?

_____

_____

_____

_____

_____

_____

Tus Dias Festivos Favoritos

Tu Favorito

Actividad: _____

Canción: _____

Película: _____

Comida: _____

Bebida: _____

Postre: _____

Tradición: _____

Lugar: _____

Decorar un Adorno Para Ellos

Decora un adorno para tu persona. Incluye símbolos que los representen y la relación que tienes con ellos.

¿Cuál es el significado detrás de los simbolos que usaste para decorar su adorno?

_____

_____

_____

_____

_____

_____

_____

_____

_____

El duelo es como...

un bastón de caramelo - porque
es duro y retorcido.

Si pudieras advertir a alguien sobre los giros y
vueltas del duelo, ¿qué le dirías?

_____

_____

_____

_____

¿Qué consejo les darías para navegar
estos giros y vueltas?

_____

_____

_____

_____

RECIBO DE REGALO DE DUELO

Objeto de duelo: _____

Fecha recibido: _____

Motivo de la devolución: _____

_____

_____

_____

_____

_____

PÓLITICA DE DEVOLUCIÓN DE VACACIONES:
Los dolientes pueden intercambiar un regalo del duelo, pero no devolvero.

¿Cuál es uno de tus recuerdos favoritos de vacaciones con tu seres querido(s)?

_____

_____

_____

_____

_____

_____

_____

_____

_____

_____

Empaca Una Bolsa de Duelo

PARTE 2 - PARA TI O UN AMIGO

Hay muchas maneras de presentarse y apoyar a un amigo en duelo durante los dias feriadas. Tal vez quieras conseguir el apoyo de otros, o tal vez seas la persona para ayudar a otro amigo en duelo. Encierra en un círculo las ideas que resuenan contigo.

AMIGO RÁPIDO
Tener un amigo para contactar siempre o inventa una palabra clave para una emergencia dolorosa

HORA DE ENTRADA
Deja que tus amigos más cercanos sepan tus fechas y horas preferidas para ver cómo estás

PONTE CÓMODO
Consiga una cobija y otros artículos suaves para ayudar a relajarse

ESCRIBELO
Mantenga un diario para anotar memorias o para procesar emociones que aparecen

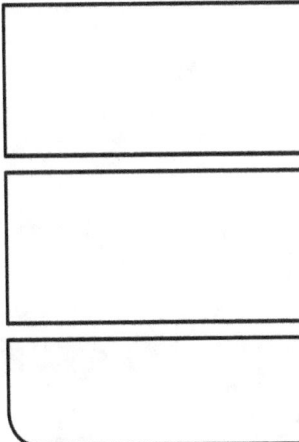

El duelo es como...

un regalo envuelto - puede que tengas algunas conjeturas, pero no sabes qué es hasta que lo ves.

Describe cómo adivinaste que se sentiría el dolor.

_____

_____

_____

Describe cómo se siente realmente tu dolor.

_____

_____

_____

Prefieres

···PARTE 3···

¿Qué se siente bien para tus días de duelo?
Escoge tu preferencia.

Ver películas navideñas	*o*	Ver otros generos
Mantente conectado en tu teléfono	*o*	Pasar tiempo lejos de tu teléfono
Hablar con otros durante las vacaciones	*o*	Disfrutar del silencio para las vacaciones
Escuchar música alegre de vacaciones	*o*	Reproducir otros géneros musicales
Hacer actividades en el interior	*o*	Hacer actividades al aire libre
Mantener las emociones de duelo en privado	*o*	Expresar abiertamente las emociones de duelo

¿Qué es un regalo memorable que les diste o recibiste de ellos? ¿Qué hizo que este regalo fuera tan significativo?

_____

_____

_____

_____

_____

_____

_____

_____

_____

_____

El duelo es como...

una casa de pan de jengibre - porque se siente comi si apenas te mantuvieran unidos.

¿Qué o quién ha sido el pegamento que te mantuvo unido esta último año?

_____

_____

_____

_____

_____

Encuentra tu camino a través del laberinto para un día de nieve con tus amigos en duelo.

¡Empieza aquí!

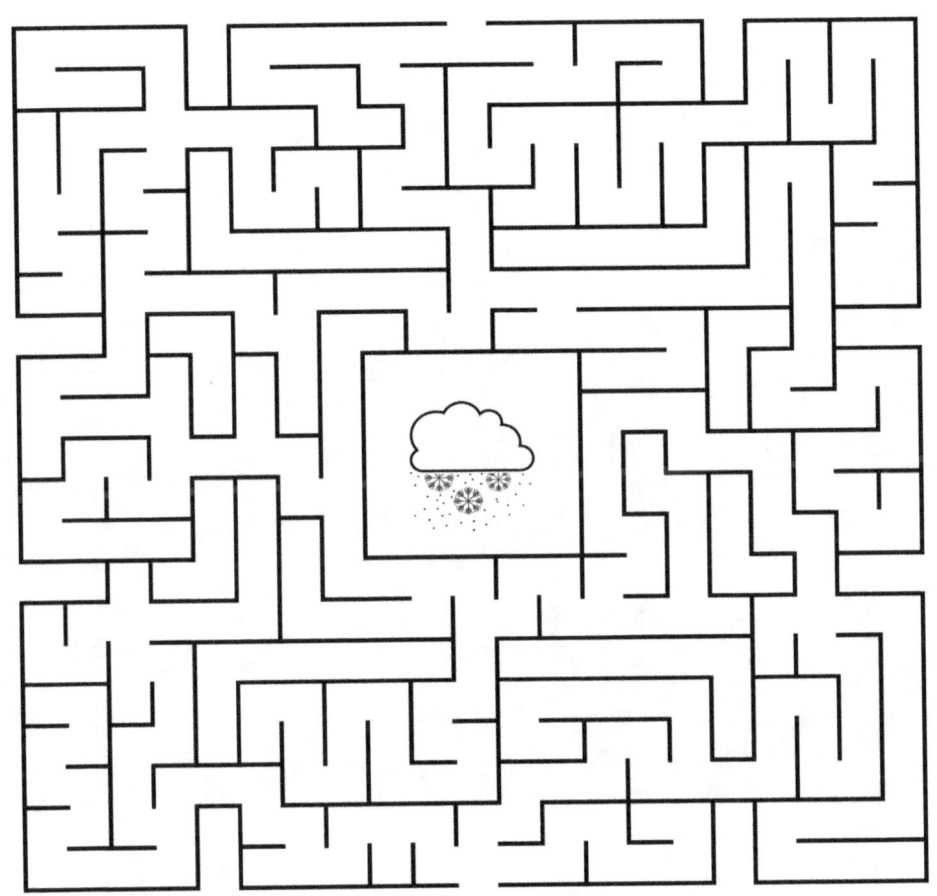

¡Termina aquí!

Acogedoras Condolencias

Colorea los sentimientos que pueden ser un poco más útiles que las típicas condolencias. Usa las cajas en blanco para escribir frases de apoyo adicionales que le gustaría escuchar.

No estás solo. Estaré aquí para comunicarme contigo antes, durante, y después de las vacaciones.

Estoy orgulloso de ti por atravesar esta temporada sin tu ser querido. Sé que esto es muy difícil.

Nos encantaría que te unieras a nosotros, pero no hay presión. Tu dolor es bienvenido aquí.

No hay presión para responder a esto, pero estoy pensando en ti y estoy aquí si quieres hablar.

Has estado en mi mente. Te deseo el tiempo y el espacio para descansar durante las vacaciones.

¿Quieres hablar de tu ser querido? Estoy aquí para escuchar si quieres compartir.

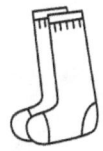

El duelo es como...

un copo de nieve - porque cada experiencia de duelo es única y diferente.

¿Has notado que sientes y expresas tu dolor de manera diferente a quienes te rodean? Describe como tu duelo es único para ti.

_____

_____

_____

_____

_____

_____

Estrellas Doradas

¡Lo hiciste! Pusiste un pie delante del otro y sobreviviste al dolor este año. ¡Estamos muy orgullosos de ti! Comparte algunos logros, grandes o pequeños, en las estrellas.

¿Cuál es un logro de este año, del que estás
particularmente orgulloso y por qué?

_____

_____

_____

_____

_____

_____

_____

_____

_____

El duelo es como...

un regalo de elefante blanco - porque nadie quiere retenerlo.

¡Se acabó la fiesta y te quedaste atrapado con una bola de nieve! Encierra en un círculo las cinco diferencias entre estas dos imágenes.

Escribelos una tarjeta navideña.
¿Qué te gustaría decirles?

_____

_____

_____

_____

_____

_____

_____

_____

_____

Año Nuevo, Dolor Nuevo

¿Qué es algo de este año que quieres traer al nuevo año?

¿Qué es algo de este año que te gustaría dejar atrás?

¿Cuál es una palabra, afirmación, o frase para centrarse en el nuevo año?

¡Comparte Tus Páginas Con Nosotros!

Comparte en tus páginas

Te invitamos a unirte a nuestra vibrante comunidad en Instagram: **@snapshotsoflifeafterloss**

¡Etiquétanos cuando publiques tus páginas completadas nos encantaría verlas!

Comparte en nuestras páginas

Usa el código QR para cargar sus páginas completas en nuestro sitio web y páginas de redes sociales.

Sobre Nuestra Fundación

Luna Peak es un organización sin fines de lucro 501(c)(3). Luna Peak apoya a los pacientes de cáncer y a los sobrevivientes de duelo al proporcionar recursos únicos para ayudarles sobrevivir las dificultades de un diagnóstico de cáncer o la pérdida de un ser querido. Evaluamos las historias de sobrevivientes multiculturales y utilizamos fotografías, libros, y talleres para mostrar a las personas que no están solos. Nuestros libros tienen como objetivo inspirar, difundir esperanza, y retribuir a la comunidad. Luna Peak ha donado miles de libros a hospitales, grupos de apoyo, escuelas, y consultorios de terapeutas.

Todas las vendas de *Grief Navidad* benefician a la Fundación Luna Peak. Gracias por comprar este libro y apoyar nuestra misión.

Apoya nuestra misión - www.lunapeakfoundation.org
Echa un vistazo a nuestros libros - www.lunapeakpublishing.com/shop

Other Books by Luna Peak:

Más Allá de la Remisión: Palabras de Aliento Para Renacer
Pateando Al Cáncer: Un Libro de Memorias Para Niños
Sígueme, Libre de Cáncer
Coloréame, Libre de Cáncer

www.ingramcontent.com/pod-product-compliance
Lightning Source LLC
Chambersburg PA
CBHW082110120626
46553CB00011B/3616